Calendario de Actividades

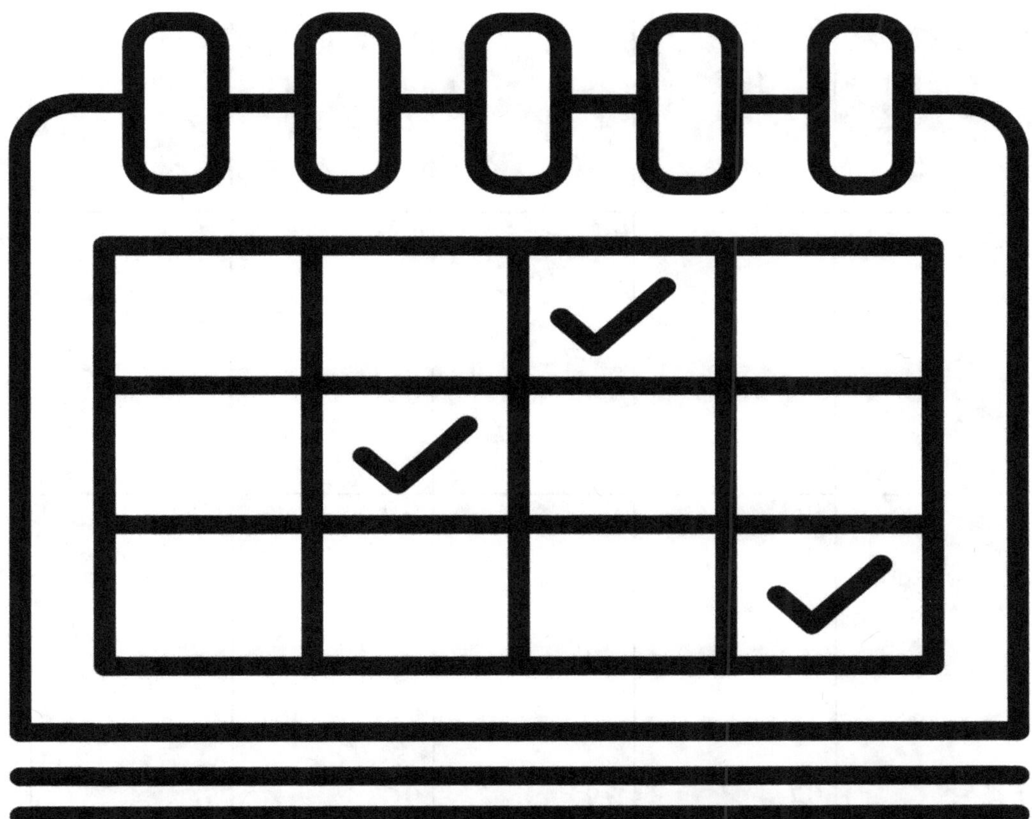

Puedes ver otros libros en Foreverfun.store.

Julio 2021

Do	Lu	Ma	Mi	Ju	Vi	Sá
				1	2	3
4	5	6	7	8	9	10
11	12	13	14	15	16	17
18	19	20	21	22	23	24
25	26	27	28	29	30	31
		Goals:				

Julio

Lunes 28

Martes 29

Miércoles 30

Jueves 1

2021

Viernes 2

Sábado 3

Domingo 4

Goals:

Julio

Do	Lu	Ma	Mi	Ju	Vi	Sá
				1	2	3
4	5	6	7	8	9	10
11	12	13	14	15	16	17
18	19	20	21	22	23	24
25	26	27	28	29	30	31

Julio

Lunes 5

Martes 6

Miércoles 7

Jueves 8

Viernes 9

Sábado 10

Domingo 11

Goals:

Julio

Do	Lu	Ma	Mi	Ju	Vi	Sá
				1	2	3
4	5	6	7	8	9	10
11	12	13	14	15	16	17
18	19	20	21	22	23	24
25	26	27	28	29	30	31

Julio

Lunes 12

Martes 13

Miércoles 14

Jueves 15

Viernes 16

Sábado 17

Domingo 18

Goals:

Julio

Do	Lu	Ma	Mi	Ju	Vi	Sá
				1	2	3
4	5	6	7	8	9	10
11	12	13	14	15	16	17
18	19	20	21	22	23	24
25	26	27	28	29	30	31

Julio

Lunes 19

Martes 20

Miércoles 21

Jueves 22

Viernes 23

Sábado 24

Domingo 25

Goals:

Julio

Do	Lu	Ma	Mi	Ju	Vi	Sá
				1	2	3
4	5	6	7	8	9	10
11	12	13	14	15	16	17
18	19	20	21	22	23	24
25	26	27	28	29	30	31

Julio

Lunes 26

Martes 27

Miércoles 28

Jueves 29

Viernes 30

Sábado 31

Domingo 1

Goals:

Julio

Do	Lu	Ma	Mi	Ju	Vi	Sá
				1	2	3
4	5	6	7	8	9	10
11	12	13	14	15	16	17
18	19	20	21	22	23	24
25	26	27	28	29	30	31

Agosto 2021

Do	Lu	Ma	Mi	Ju	Vi	Sá
1	2	3	4	5	6	7
8	9	10	11	12	13	14
15	16	17	18	19	20	21
22	23	24	25	26	27	28
29	30	31				
		Goals:				

Agosto

Lunes 26

Martes 27

Miércoles 28

Jueves 29

2021

Viernes 30

Sábado 31

Domingo 1

Goals:

Agosto

Do	Lu	Ma	Mi	Ju	Vi	Sá
1	2	3	4	5	6	7
8	9	10	11	12	13	14
15	16	17	18	19	20	21
22	23	24	25	26	27	28
29	30	31				

Agosto

Lunes 2

Martes 3

Miércoles 4

Jueves 5

2021

Viernes 6

Sábado 7

Domingo 8

Goals:

Agosto

Do	Lu	Ma	Mi	Ju	Vi	Sá
1	2	3	4	5	6	7
8	9	10	11	12	13	14
15	16	17	18	19	20	21
22	23	24	25	26	27	28
29	30	31				

Agosto

Lunes 9

Martes 10

Miércoles 11

Jueves 12

Viernes 13

Sábado 14

Domingo 15

Goals:

Agosto

Do	Lu	Ma	Mi	Ju	Vi	Sá
1	2	3	4	5	6	7
8	9	10	11	12	13	14
15	16	17	18	19	20	21
22	23	24	25	26	27	28
29	30	31				

Agosto

Lunes 16

Martes 17

Miércoles 18

Jueves 19

Viernes 20

Sábado 21

Domingo 22

Goals:

Agosto

Do	Lu	Ma	Mi	Ju	Vi	Sá
1	2	3	4	5	6	7
8	9	10	11	12	13	14
15	16	17	18	19	20	21
22	23	24	25	26	27	28
29	30	31				

Agosto

Lunes 23

Martes 24

Miércoles 25

Jueves 26

Viernes 27

Sábado 28

Domingo 29

Goals:

Agosto

Do	Lu	Ma	Mi	Ju	Vi	Sá
1	2	3	4	5	6	7
8	9	10	11	12	13	14
15	16	17	18	19	20	21
22	23	24	25	26	27	28
29	30	31				

Agosto

Lunes 30

Martes 31

Miércoles 1

Jueves 2

2021

Viernes 3

Sábado 4

Domingo 5

Goals:

Agosto

Do	Lu	Ma	Mi	Ju	Vi	Sá
1	2	3	4	5	6	7
8	9	10	11	12	13	14
15	16	17	18	19	20	21
22	23	24	25	26	27	28
29	30	31				

Septiembre 2021

Do	Lu	Ma	Mi	Ju	Vi	Sá
			1	2	3	4
5	6	7	8	9	10	11
12	13	14	15	16	17	18
19	20	21	22	23	24	25
26	27	28	29	30		
		Goals:				

Septiembre

Lunes 30

Martes 31

Miércoles 1

Jueves 2

Viernes 3

Sábado 4

Domingo 5

Goals:

Septiembre

Do	Lu	Ma	Mi	Ju	Vi	Sá
			1	2	3	4
5	6	7	8	9	10	11
12	13	14	15	16	17	18
19	20	21	22	23	24	25
26	27	28	29	30		

Septiembre

Lunes 6

Martes 7

Miércoles 8

Jueves 9

Viernes 10

Sábado 11

Domingo 12

Goals:

Septiembre

Do	Lu	Ma	Mi	Ju	Vi	Sá
			1	2	3	4
5	6	7	8	9	10	11
12	13	14	15	16	17	18
19	20	21	22	23	24	25
26	27	28	29	30		

Septiembre

Lunes 13

Martes 14

Miércoles 15

Jueves 16

Viernes 17

Sábado 18

Domingo 19

Goals:

Septiembre

Do	Lu	Ma	Mi	Ju	Vi	Sá
			1	2	3	4
5	6	7	8	9	10	11
12	13	14	15	16	17	18
19	20	21	22	23	24	25
26	27	28	29	30		

Septiembre

Lunes 20

Martes 21

Miércoles 22

Jueves 23

2021

Viernes 24

Sábado 25

Domingo 26

Goals:

Septiembre

Do	Lu	Ma	Mi	Ju	Vi	Sá
			1	2	3	4
5	6	7	8	9	10	11
12	13	14	15	16	17	18
19	20	21	22	23	24	25
26	27	28	29	30		

Septiembre

Lunes 27

Martes 28

Miércoles 29

Jueves 30

2021

Viernes 1

Sábado 2

Domingo 3

Goals:

Septiembre

Do	Lu	Ma	Mi	Ju	Vi	Sá
			1	2	3	4
5	6	7	8	9	10	11
12	13	14	15	16	17	18
19	20	21	22	23	24	25
26	27	28	29	30		

Octubre 2021

Do	Lu	Ma	Mi	Ju	Vi	Sá
					1	2
3	4	5	6	7	8	9
10	11	12	13	14	15	16
17	18	19	20	21	22	23
24	25	26	27	28	29	30
31		Goals:				

Octubre

Lunes 27

Martes 28

Miércoles 29

Jueves 30

2021

Viernes 1

Sábado 2

Domingo 3

Goals:

Octubre

Do	Lu	Ma	Mi	Ju	Vi	Sá
					1	2
3	4	5	6	7	8	9
10	11	12	13	14	15	16
17	18	19	20	21	22	23
24	25	26	27	28	29	30
31						

Octubre

Lunes 4

Martes 5

Miércoles 6

Jueves 7

2021

Viernes 8

Sábado 9

Domingo 10

Goals:

Octubre

Do	Lu	Ma	Mi	Ju	Vi	Sá
					1	2
3	4	5	6	7	8	9
10	11	12	13	14	15	16
17	18	19	20	21	22	23
24	25	26	27	28	29	30
31						

Octubre

Lunes 11

Martes 12

Miércoles 13

Jueves 14

2021

Viernes 15

Sábado 16

Domingo 17

Goals:

Octubre

Do	Lu	Ma	Mi	Ju	Vi	Sá
					1	2
3	4	5	6	7	8	9
10	11	12	13	14	15	16
17	18	19	20	21	22	23
24	25	26	27	28	29	30
31						

Octubre

Lunes 18

Martes 19

Miércoles 20

Jueves 21

2021

Viernes 22

Sábado 23

Domingo 24

Goals:

Octubre

Do	Lu	Ma	Mi	Ju	Vi	Sá
					1	2
3	4	5	6	7	8	9
10	11	12	13	14	15	16
17	18	19	20	21	22	23
24	25	26	27	28	29	30
31						

Octubre

Lunes 25

Martes 26

Miércoles 27

Jueves 28

2021

Viernes 29

Sábado 30

Domingo 31

Goals:

Octubre

Do	Lu	Ma	Mi	Ju	Vi	Sá
					1	2
3	4	5	6	7	8	9
10	11	12	13	14	15	16
17	18	19	20	21	22	23
24	25	26	27	28	29	30
31						

Noviembre 2021

Do	Lu	Ma	Mi	Ju	Vi	Sá
	1	2	3	4	5	6
7	8	9	10	11	12	13
14	15	16	17	18	19	20
21	22	23	24	25	26	27
28	29	30				
		Goals:				

Noviembre

Lunes 1

Martes 2

Miércoles 3

Jueves 4

2021

Viernes 5

Sábado 6

Domingo 7

Goals:

Noviembre

Do	Lu	Ma	Mi	Ju	Vi	Sá
	1	2	3	4	5	6
7	8	9	10	11	12	13
14	15	16	17	18	19	20
21	22	23	24	25	26	27
28	29	30				

Noviembre

Lunes 8

Martes 9

Miércoles 10

Jueves 11

Viernes 12

Sábado 13

Domingo 14

Goals:

Noviembre

Do	Lu	Ma	Mi	Ju	Vi	Sá
	1	2	3	4	5	6
7	8	9	10	11	12	13
14	15	16	17	18	19	20
21	22	23	24	25	26	27
28	29	30				

Noviembre

Lunes 15

Martes 16

Miércoles 17

Jueves 18

2021

Viernes 19

Sábado 20

Domingo 21

Goals:

Noviembre

Do	Lu	Ma	Mi	Ju	Vi	Sá
	1	2	3	4	5	6
7	8	9	10	11	12	13
14	15	16	17	18	19	20
21	22	23	24	25	26	27
28	29	30				

Noviembre

Lunes 22

Martes 23

Miércoles 24

Jueves 25

Viernes 26

Sábado 27

Domingo 28

Goals:

Noviembre

Do	Lu	Ma	Mi	Ju	Vi	Sá
	1	2	3	4	5	6
7	8	9	10	11	12	13
14	15	16	17	18	19	20
21	22	23	24	25	26	27
28	29	30				

Noviembre

Lunes 29

Martes 30

Miércoles 1

Jueves 2

Viernes 3

Sábado 4

Domingo 5

Goals:

Noviembre

Do	Lu	Ma	Mi	Ju	Vi	Sá
	1	2	3	4	5	6
7	8	9	10	11	12	13
14	15	16	17	18	19	20
21	22	23	24	25	26	27
28	29	30				

Diciembre 2021

Do	Lu	Ma	Mi	Ju	Vi	Sá
			1	2	3	4
5	6	7	8	9	10	11
12	13	14	15	16	17	18
19	20	21	22	23	24	25
26	27	28	29	30	31	
		Goals:				

Diciembre

Lunes 29

Martes 30

Miércoles 1

Jueves 2

Viernes 3

Sábado 4

Domingo 5

Goals:

Diciembre

Do	Lu	Ma	Mi	Ju	Vi	Sá
			1	2	3	4
5	6	7	8	9	10	11
12	13	14	15	16	17	18
19	20	21	22	23	24	25
26	27	28	29	30	31	

Diciembre

Lunes 6

Martes 7

Miércoles 8

Jueves 9

2021

Viernes 10

Sábado 11

Domingo 12

Goals:

Diciembre

Do	Lu	Ma	Mi	Ju	Vi	Sá
			1	2	3	4
5	6	7	8	9	10	11
12	13	14	15	16	17	18
19	20	21	22	23	24	25
26	27	28	29	30	31	

Diciembre

Lunes 13

Martes 14

Miércoles 15

Jueves 16

2021

Viernes 17

Sábado 18

Domingo 19

Goals:

Diciembre

Do	Lu	Ma	Mi	Ju	Vi	Sá
			1	2	3	4
5	6	7	8	9	10	11
12	13	14	15	16	17	18
19	20	21	22	23	24	25
26	27	28	29	30	31	

Diciembre

Lunes 20

Martes 21

Miércoles 22

Jueves 23

2021

Viernes 24

Sábado 25

Domingo 26

Goals:

Diciembre

Do	Lu	Ma	Mi	Ju	Vi	Sá
			1	2	3	4
5	6	7	8	9	10	11
12	13	14	15	16	17	18
19	20	21	22	23	24	25
26	27	28	29	30	31	

Diciembre

Lunes 27

Martes 28

Miércoles 29

Jueves 30

2021

Viernes 31

Sábado 1

Domingo 2

Goals:

Diciembre

Do	Lu	Ma	Mi	Ju	Vi	Sá
			1	2	3	4
5	6	7	8	9	10	11
12	13	14	15	16	17	18
19	20	21	22	23	24	25
26	27	28	29	30	31	

Actividades

Fecha	Actividad	Costo

Actividades

Fecha	Actividad	Costo

Actividades

Fecha	Actividad	Costo

Actividades

Fecha	Actividad	Costo

Actividades

Fecha	Actividad	Costo

Actividades

Fecha	Actividad	Costo

www.ingramcontent.com/pod-product-compliance
Lightning Source LLC
LaVergne TN
LVHW080817170826
845678LV00011B/2049

* 9 7 9 8 5 0 7 5 4 5 3 5 3 *